Bryn Mawr Greek Commentaries

The Fragments of Parmenides

David Sider
and
Henry W. Johnstone, Jr.

Thomas Library, Bryn Mawr College
Bryn Mawr, Pennsylvania

Copyright ©1986 by **Bryn Mawr Commentaries**

Manufactured in the United States of America
ISBN 0-929524-21-7
Printed and distributed by
Bryn Mawr Commentaries
Thomas Library
Bryn Mawr College
Bryn Mawr, PA 19010

Series Preface

These lexical and grammatical notes are meant not as a full-scale commentary but as a clear and concise aid to the beginning student. The editors have been told to resist their critical impulses and to say only what will help the student read the text. Our commentaries, then, are the beginning of the interpretative process, not the end.

We expect that the student will know the basic Attic declensions and conjugations, basic grammar (the common functions of cases and moods; the common types of clauses and conditions), and how to use a dictionary. In general we have tried to avoid duplication of material easily extractable from the lexicon, but we have included help with odd verb forms, and, recognizing that endless page-flipping can be counter-productive, we have provided the occasional bonus of assistance with uncommon vocabulary. The bibliography lists a few works that have proved helpful as secondary reading.

The commentaries are based on the Oxford Classical Text unless otherwise noted. Oxford University Press has kindly allowed us to print its edition of the Greek text in cases where we thought it would be particularly beneficial to the student. The text was set by Stephen V. F. Waite of Logoi Systems (Hanover, N.H.).

Production of these commentaries has been made possible by a generous grant from the Division of Education Programs, the National Endowment for the Humanities.

> Richard Hamilton, General Editor
> Gregory W. Dickerson, Associate Editor
> Gilbert P. Rose, Associate Editor

Volume Preface

Parmenides was born about 515 B.C. in Elea, an Ionian Greek colony on the west coast of southern Italy. He seems to have written after, and in response to, Heraclitus, but this is not certain. His most famous students were Zeno, also of Elea, and Melissus of Samos. A visit to Athens by Parmenides and Zeno in about 450 B.C. is described by Plato in his dialogue *Parmenides*, but this visit may well be entirely fictional.

This Bryn Mawr Commentary differs from most in that the text has been prepared especially for this edition (by D.S.) and the commentary has had to take account of the fact that there are major disagreements among scholars over the manuscript readings, the meanings, and even the syntax of many passages crucial for an understanding of Parmenides' meaning. Hence, the number of places where we offer several possibilities (tending to put our preferred interpretation first).

The Diels-Kranz text is reprinted with the kind permission of Weidmann Verlag, Zurich.

H.W.J. wishes to thank Richard Hamilton, Richard McKirahan, Alfonso Gomez-Lobo, Archibald Allen, and Patrick Barker.

David Sider
Fordham University
Henry W. Johnstone, Jr.

Metrical Note

Parmenides wrote in dactylic hexameter, the meter of Homer and Hesiod, whom he followed also in matters of dialect and morphology. Each line of this verse scheme consists of six feet, each either a *dactyl* (a long syllable followed by two short syllables, $-\smile\smile$) or a *spondee* (two long syllables, $--$). The sixth foot is always treated as a spondee; the first five are more often dactyls than spondees, especially the fifth foot, where spondees are rare (cf. 1.7).

A syllable is long if it contains a diphthong or long vowel. η and ω are always long; α, ι, and υ are either long or short (check LSJ); ε and ο are always short. A syllable containing a short vowel is long if the vowel is followed by two consonants (including the double consonants ζ, ξ, and ψ). Thus, in 1.1, although ἵπποι contains a short iota, the first syllable is long. *Exception:* a plosive (πβφ κγχ τδθ) followed by a liquid (λρ) or nasal (μν) need not produce a long syllable; examples are at 8.3, 8.46, 16.1.

Note the two following provisos with the above rules. (1) If a word ends in a naturally long syllable or diphthong and is followed by a word beginning with a vowel, the final vowel or diphthong may be shortened (e.g., 1.26 ἐπεὶ οὔτι). This process is called *correption* and may also occur within a word. (2) Two vowels in succession not forming one of the usual diphthongs may be read as one long syllable (e.g., 1.17 πυλέων). This process is called *synizesis*.

As an example of epic scansion, note 2.5:

$$- \ -\ /\ -\ -\ /\ -\ \smile\ \smile\ /\ -\ \ /\ -\ \smile\ \smile\ /\ -\ -$$
ἡ δ' ὡς οὐκ ἔστιν τε καὶ ὡς χρεών ἐστι μὴ εἶναι,

where the slanting lines mark the division between feet. Note the synizesis and correption.

The Fragments of Parmenides

1 ἵπποι ταί με φέρουσιν, ὅσον τ' ἐπὶ θυμὸς ἱκάνοι,
πέμπον, ἐπεί μ' ἐς ὁδὸν βῆσαν πολύφημον ἄγουσαι
δαίμονος, ἣ κατὰ πάντ' ἄστη φέρει εἰδότα φῶτα·
τῇ φερόμην· τῇ γάρ με πολύφραστοι φέρον ἵπποι
5 ἅρμα τιταίνουσαι, κοῦραι δ' ὁδὸν ἡγεμόνευον.
ἄξων δ' ἐν χνοίῃσιν ἵει σύριγγος ἀϋτήν
αἰθόμενος (δοιοῖς γὰρ ἐπείγετο δινωτοῖσιν
κύκλοις ἀμφοτέρωθεν), ὅτε σπερχοίατο πέμπειν
Ἡλιάδες κοῦραι, προλιποῦσαι δώματα Νυκτός
10 ἐς φάος, ὠσάμεναι κράτων ἄπο χερσὶ καλύπτρας.
ἔνθα πύλαι Νυκτός τε καὶ Ἤματός εἰσι κελεύθων,
καί σφας ὑπέρθυρον ἀμφὶς ἔχει καὶ λάϊνος οὐδός·
αὐταὶ δ' αἰθέριαι πλῆνται μεγάλοισι θυρέτροις·
τῶν δὲ Δίκη πολύποινος ἔχει κληῖδας ἀμοιβούς.
15 τὴν δὴ παρφάμεναι κοῦραι μαλακοῖσι λόγοισιν
πεῖσαν ἐπιφραδέως, ὥς σφιν βαλανωτὸν ὀχῆα
ἀπτερέως ὤσειε πυλέων ἄπο· ταὶ δὲ θυρέτρων
χάσμ' ἀχανὲς ποίησαν ἀναπταμέναι πολυχάλκους
ἄξονας ἐν σύριγξιν ἀμοιβαδὸν εἰλίξασαι
20 γόμφοις καὶ περόνῃσιν ἀρηρότε· τῇ ῥα δι' αὐτέων
ἰθὺς ἔχον κοῦραι κατ' ἀμαξιτὸν ἅρμα καὶ ἵππους.
καί με θεὰ πρόφρων ὑπεδέξατο, χεῖρα δὲ χειρί
δεξιτερὴν ἕλεν, ὧδε δ' ἔπος φάτο καί με προσηύδα·
ὦ κοῦρ' ἀθανάτῃσι συνάορος ἡνιόχοισιν,
25 ἵπποις ταί σε φέρουσιν ἱκάνων ἡμέτερον δῶ,
χαῖρ', ἐπεὶ οὔτι σε μοῖρα κακὴ προὔπεμπε νέεσθαι
τήνδ' ὁδόν (ἦ γὰρ ἀπ' ἀνθρώπων ἐκτὸς πάτου ἐστίν),
ἀλλὰ Θέμις τε Δίκη τε. χρεὼ δέ σε πάντα πυθέσθαι
ἠμὲν ἀληθείης εὐκυκλέος ἀτρεμὲς ἦτορ
30 ἠδὲ βροτῶν δόξας, τῇς οὐκ ἔνι πίστις ἀληθής.
ἀλλ' ἔμπης καὶ ταῦτα μαθήσεαι, ὡς τὰ δοκοῦντα
χρῆν δοκίμως εἶναι, διὰ παντὸς πάντα περῶντα.

2 εἰ δ' ἄγ' ἐγὼν ἐρέω, κόμισαι δὲ σὺ μῦθον ἀκούσας,
αἵπερ ὁδοὶ μοῦναι διζήσιός εἰσι νοῆσαι·
ἡ μὲν ὅπως ἔστιν τε καὶ ὡς οὐκ ἔστι μὴ εἶναι,
Πειθοῦς ἐστι κέλευθος (Ἀληθείῃ γὰρ ὀπηδεῖ),
5 ἡ δ' ὡς οὐκ ἔστιν τε καὶ ὡς χρεών ἐστι μὴ εἶναι,

τὴν δή τοι φράζω παναπευθέα ἔμμεν ἀταρπόν·
οὔτε γὰρ ἂν γνοίης τό γε μὴ ἐόν (οὐ γὰρ ἀνυστόν)
οὔτε φράσαις.

3   ... τὸ γὰρ αὐτὸ νοεῖν ἐστίν τε καὶ εἶναι

4   λεῦσσε δ' ὅμως ἀπεόντα νόῳ παρεόντα βεβαίως·
οὐ γὰρ ἀποτμήξει τὸ ἐὸν τοῦ ἐόντος ἔχεσθαι
οὔτε σκιδνάμενον πάντῃ πάντως κατὰ κόσμον
οὔτε συνιστάμενον.

5   ξυνὸν δέ μοί ἐστιν,
ὁππόθεν ἄρξωμαι· τόθι γὰρ πάλιν ἵξομαι αὖθις.

6   χρὴ τὸ λέγειν τε νοεῖν τ' ἐὸν ἔμμεναι· ἔστι γὰρ εἶναι,
μηδὲν δ' οὐκ ἔστιν· τά σ' ἐγὼ φράζεσθαι ἄνωγα.
πρώτης γάρ σ' ἀφ' ὁδοῦ ταύτης διζήσιος <εἴργω>,
αὐτὰρ ἔπειτ' ἀπὸ τῆς, ἣν δὴ βροτοὶ εἰδότες οὐδέν
5 πλάσσονται, δίκρανοι· ἀμηχανίη γὰρ ἐν αὐτῶν
στήθεσιν ἰθύνει πλαγκτὸν νόον· οἱ δὲ φοροῦνται
κωφοὶ ὁμῶς τυφλοί τε, τεθηπότες, ἄκριτα φῦλα,
οἷς τὸ πέλειν τε καὶ οὐκ εἶναι ταὐτὸν νενόμισται
κοὐ ταὐτόν, πάντων δὲ παλίντροπός ἐστι κέλευθος.

7   οὐ γὰρ μήποτε τοῦτο δαμῇ εἶναι μὴ ἐόντα·
ἀλλὰ σὺ τῆσδ' ἀφ' ὁδοῦ διζήσιος εἶργε νόημα,
μηδέ σ' ἔθος πολύπειρον ὁδὸν κατὰ τήνδε βιάσθω,
νωμᾶν ἄσκοπον ὄμμα καὶ ἠχήεσσαν ἀκουήν
5 καὶ γλῶσσαν, κρῖναι δὲ λόγῳ πολύδηριν ἔλεγχον
ἐξ ἐμέθεν ῥηθέντα.

8   μοῦνος δ' ἔτι μῦθος ὁδοῖο
λείπεται ὡς ἔστιν· ταύτῃ δ' ἐπὶ σήματ' ἔασι
πολλὰ μάλ', ὡς ἀγένητον ἐὸν καὶ ἀνώλεθρόν ἐστιν,
οὖλον μουνογενές τε καὶ ἀτρεμὲς ἠδ' ἀτέλεστον·
5 οὐδέ ποτ' ἦν οὐδ' ἔσται, ἐπεὶ νῦν ἐστιν ὁμοῦ πᾶν
ἕν, συνεχές· τίνα γὰρ γένναν διζήσεαι αὐτοῦ;
πῇ πόθεν αὐξηθέν; οὔτ' ἐκ μὴ ἐόντος ἐάσσω
φάσθαι σ' οὐδὲ νοεῖν· οὐ γὰρ φατὸν οὐδὲ νοητόν
ἔστιν ὅπως οὐκ ἔστι. τί δ' ἄν μιν καὶ χρέος ὦρσεν
10 ὕστερον ἢ πρόσθεν, τοῦ μηδενὸς ἀρξάμενον, φῦν;
οὕτως ἢ πάμπαν πελέναι χρεών ἐστιν ἢ οὐχί.
οὐδέ ποτ' ἐκ μὴ ἐόντος ἐφήσει πίστιος ἰσχύς
γίγνεσθαί τι παρ' αὐτό· τοῦ εἵνεκεν οὔτε γενέσθαι
οὔτ' ὄλλυσθαι ἀνῆκε Δίκη χαλάσασα πέδῃσιν,
15 ἀλλ' ἔχει· ἡ δὲ κρίσις περὶ τούτων ἐν τῷδ' ἔστιν·

ἔστιν ἢ οὐκ ἔστιν· κέκριται δ' οὖν, ὥσπερ ἀνάγκη,
τὴν μὲν ἐᾶν ἀνόητον ἀνώνυμον (οὐ γὰρ ἀληθής
ἔστιν ὁδός), τὴν δ' ὥς τε πέλειν καὶ ἐτήτυμον εἶναι.
πῶς δ' ἂν ἔπειτα πέλοι τὸ ἐόν; πῶς δ' ἄν κε γένοιτο;
20 εἰ γὰρ ἔγεντ', οὐκ ἔστ', οὐδ' εἴ ποτε μέλλει ἔσεσθαι.
τὼς γένεσις μὲν ἀπέσβεσται καὶ ἄπυστος ὄλεθρος.
οὐδὲ διαιρετόν ἐστιν, ἐπεὶ πᾶν ἐστιν ὁμοῖον·
οὐδέ τι τῇ μᾶλλον, τό κεν εἴργοι μιν συνέχεσθαι,
οὐδέ τι χειρότερον, πᾶν δ' ἔμπλεόν ἐστιν ἐόντος.
25 τῷ ξυνεχὲς πᾶν ἐστιν· ἐὸν γὰρ ἐόντι πελάζει.
αὐτὰρ ἀκίνητον μεγάλων ἐν πείρασι δεσμῶν
ἔστιν ἄναρχον ἄπαυστον, ἐπεὶ γένεσις καὶ ὄλεθρος
τῆλε μάλ' ἐπλάγχθησαν, ἀπῶσε δὲ πίστις ἀληθής.
ταὐτόν τ' ἐν ταὐτῷ τε μένον καθ' ἑαυτό τε κεῖται
30 χοὔτως ἔμπεδον αὖθι μένει· κρατερὴ γὰρ Ἀνάγκη
πείρατος ἐν δεσμοῖσιν ἔχει, τό μιν ἀμφὶς ἐέργει,
οὕνεκεν οὐκ ἀτελεύτητον τὸ ἐὸν θέμις εἶναι·
ἔστι γὰρ οὐκ ἐπιδευές· ἐὸν δ' ἂν παντὸς ἐδεῖτο.
ταὐτὸν δ' ἐστὶ νοεῖν τε καὶ οὕνεκέν ἐστι νόημα·
35 οὐ γὰρ ἄνευ τοῦ ἐόντος, ἐν ᾧ πεφατισμένον ἐστίν,
εὑρήσεις τὸ νοεῖν· οὐδὲν γὰρ <ἢ> ἔστιν ἢ ἔσται
ἄλλο πάρεξ τοῦ ἐόντος, ἐπεὶ τό γε Μοῖρ' ἐπέδησεν
οὖλον ἀκίνητόν τ' ἔμεναι· τῷ παντ' ὀνόμασται
ὅσσα βροτοὶ κατέθεντο πεποιθότες εἶναι ἀληθῆ,
40 γίγνεσθαί τε καὶ ὄλλυσθαι, εἶναί τε καὶ οὐχί,
καὶ τόπον ἀλλάσσειν διά τε χρόα φανὸν ἀμείβειν.
αὐτὰρ ἐπεὶ πεῖρας πύματον, τετελεσμένον ἐστί,
πάντοθεν εὐκύκλου σφαίρης ἐναλίγκιον ὄγκῳ,
μέσσοθεν ἰσοπαλὲς πάντῃ· τὸ γὰρ οὔτε τι μεῖζον
45 οὔτε τι βαιότερον πελέναι χρεόν ἐστι τῇ ἢ τῇ·
οὔτε γὰρ οὐκ ἐὸν ἔστι, τό κεν παύοι μιν ἱκνεῖσθαι
εἰς ὁμόν, οὔτ' ἐὸν ἔστιν ὅπως εἴη κεν ἐόντος
τῇ μᾶλλον τῇ δ' ἧσσον, ἐπεὶ πᾶν ἐστιν ἄσυλον·
οἷ γὰρ πάντοθεν ἶσον, ὁμῶς ἐν πείρασι κύρει.
50 ἐν τῷ σοι παύω πιστὸν λόγον ἠδὲ νόημα
ἀμφὶς ἀληθείης· δόξας δ' ἀπὸ τοῦδε βροτείας
μάνθανε κόσμον ἐμῶν ἐπέων ἀπατηλὸν ἀκούων·
μορφὰς γὰρ κατέθεντο δύο γνώμας ὀνομάζειν,
τῶν μίαν οὐ χρεών ἐστιν—ἐν ᾧ πεπλανημένοι εἰσίν—
55 ἀντία δ' ἐκρίναντο δέμας καὶ σήματ' ἔθεντο
χωρὶς ἀπ' ἀλλήλων, τῇ μὲν φλογὸς αἰθέριον πῦρ,
ἤπιον ὄν, μέγ' ἐλαφρόν, ἑωυτῷ πάντοσε τωὐτόν,

τῷ δ' ἑτέρῳ μὴ τωὐτόν· ἀτὰρ κἀκεῖνο κατ' αὐτό
τἀντία νύκτ' ἀδαῆ, πυκινὸν δέμας ἐμβριθές τε.
60 τόν σοι ἐγὼ διάκοσμον ἐοικότα πάντα φατίζω,
ὡς οὐ μή ποτέ τίς σε βροτῶν γνώμη παρελάσσῃ.

9 αὐτὰρ ἐπεὶ δὴ πάντα φάος καὶ νὺξ ὀνόμασται
καὶ τὰ κατὰ σφετέρας δυνάμεις ἐπὶ τοῖσί τε καὶ τοῖς,
πᾶν πλέον ἐστὶν ὁμοῦ φάεος καὶ νυκτὸς ἀφάντου
ἴσων ἀμφοτέρων, ἐπεὶ οὐδετέρῳ μέτα μηδέν.

10 εἴσῃ δ' αἰθερίαν τε φύσιν τά τ' ἐν αἰθέρι πάντα
σήματα καὶ καθαρᾶς εὐαγέος ἠελίοιο
λαμπάδος ἔργ' ἀΐδηλα καὶ ὁππόθεν ἐξεγένοντο,
ἔργα τε κύκλωπος πεύσῃ περίφοιτα σελήνης
5 καὶ φύσιν, εἰδήσεις δὲ καὶ οὐρανὸν ἀμφὶς ἔχοντα
ἔνθεν ἔφυ τε καὶ ὥς μιν ἄγουσ' ἐπέδησεν Ἀνάγκη
πείρατ' ἔχειν ἄστρων.

11 ... πῶς γαῖα καὶ ἥλιος ἠδὲ σελήνη
αἰθήρ τε ξυνὸς γάλα τ' οὐράνιον καὶ ὄλυμπος
ἔσχατος ἠδ' ἄστρων θερμὸν μένος ὡρμήθησαν
γίγνεσθαι.

12 αἱ γὰρ στεινότεραι πλῆνται πυρὸς ἀκρήτοιο,
αἱ δ' ἐπὶ τῆς νυκτός, μετὰ δὲ φλογὸς ἵεται αἶσα·
ἐν δὲ μέσῳ τούτων δαίμων ἣ πάντα κυβερνᾷ·
πάντων γὰρ στυγεροῖο τόκου καὶ μίξιος ἄρχει
5 πέμπουσ' ἄρσενι θῆλυ μιγῆν τό τ' ἐναντίον αὖτις
ἄρσεν θηλυτέρῳ.

13 πρώτιστον μὲν Ἔρωτα θεῶν μητίσατο πάντων

14 νυκτιφαὲς περὶ γαῖαν ἀλώμενον ἀλλότριον φῶς

15 αἰεὶ παπταίνουσα πρὸς αὐγὰς ἠελίοιο

15a ὑδατόριζον

16 ὡς γὰρ ἑκάστοτ' ἔχει κρᾶσις μελέων πολυπλάγκτων,
τὼς νόος ἀνθρώποισι παρέστηκεν· τὸ γὰρ αὐτό
ἔστιν ὅπερ φρονέει μελέων φύσις ἀνθρώποισιν
καὶ πᾶσιν καὶ παντί· τὸ γὰρ πλέον ἐστὶ νόημα.

17 δεξιτεροῖσιν μὲν κούρους, λαιοῖσι δὲ κούρας

18 femina virque simul Veneris cum germina miscent,
venis informans diverso ex sanguine virtus
temperiem servans bene condita corpora fingit.
nam si virtutes permixto semine pugnent

nec faciant unam permixto in corpore, dirae
nascentem gemino vexabunt semine sexum.

19 οὕτω τοι κατὰ δόξαν ἔφυ τάδε καί νυν ἔασι
καὶ μετέπειτ' ἀπὸ τοῦδε τελευτήσουσι τραφέντα·
τοῖς δ' ὄνομ' ἄνθρωποι κατέθεντ' ἐπίσημον ἑκάστῳ.
20 οἷον ἀκίνητον τελέθει, τῷ παντ' ὄνομ' εἶναι.

Commentary

Abbreviations:
GP J.D. Denniston, *The Greek Particles*, 2nd ed. (Oxford 1966)
LSJ Liddell-Scott-Jones, *A Greek-English Lexicon*, 9th ed. (Oxford 1940)
S H.W. Smyth, *Greek Grammar*, revised by G. Messing (Cambridge, Mass. 1956)
< comes from the following lemma in LSJ
= equivalent to the following Attic/prose form
~ syntactically equivalent to the following
— words omitted are included in lemma
... only words printed are included in lemma
sc. scilicet ("supply")

Fr. 1

In this fragment, known as the Proem, the narrator, who is usually taken to be Parmenides himself, describes his journey to the edge of the world, where a goddess initiated him into the ways of knowing and believing.

1 ταί=αἵ. In epic, ὁ, ἡ, τό may serve as (a) a 3rd person pronoun, (b) a relative pronoun (with accented ὅ, ἥ, οἵ, αἵ) with a definite antecedent (so here, "horses that"), or (c) the definite article (most notably in Parmenides, τὸ ἐόν). ὅσον τ(ε): "as far as." ὅσον is accusative of extent; τε has a generalizing function in epic relative clauses and is usually left untranslated.
ἐπὶ ... ἱκάνοι: <ἐφικάνω (=ἐφικνέομαι); "might extend" *or* "reach." Potential optative in subordinate clause without ἄν, as may occur in epic; but others take the optative as in a past general condition, assuming that the journey to be described took place many times. Separation of the verb and prefix is called tmesis.
θυμός: Some take this to be Parmenides' "spirit" or "impulse," others that of the horses.

2 πέμπον: "escort," imperfect. The augment often is omitted in verse.

μ' = με.
ἐς = εἰς, "upon"
βῆσαν = ἔβησαν, < βαίνω; here, transitive.
πολύφημον: "famous" or, perhaps, "many-voiced."

3 δαίμονος: with ὁδόν; the road *to* a god is often said to be the road *of* a god. Presumably the goddess is that of verse 22.
ἥ: Word order favors the *daimon* as antecedent, who would metaphorically lead or guide (LSJ *s.v.* φέρω A VII 3) him through (κατά) all cities. Some argue for *road* as antecedent.
εἰδότα: masculine accusative singular participle < οἶδα; almost, "initiated."
φῶτα: accusative singular < φώς, "man."

4 τῇ = ταύτῃ (sc. ὁδῷ), "this way."
φολύφραστοι: "very wise" (less likely, "much talked about"). Since φράζω means "point out" or "show (the way)" in Homer, πολύφραστοι probably has the sense of "knowing the way." Cf. 2.6.

5 τιταίνουσαι: "pulling," with the sense of "straining at."
κοῦραι = κόραι, "maidens."
ὁδόν: internal accusative (S 1567) with ἡγεμόνευον, "led the way," i.e., held the reins.

6 ἄξων: nominative singular, "axle."
χνοίῃσιν = χνοίαις, "hubs" of the chariot's two wheels. Here and throughout, Parmenides uses the epic -ῃσι(ν) and -οισι(ν) for the 1st and 2nd declension dative plural.
ἵει: unaugmented imperfect from ἵημι; i.e., ἵει instead of ἵει.
σύριγγος: < σῦριγξ, "(shepherd's) pipe," with a pun on "pipe" = central hole of the wheel.
ἀϋτήν: "sound"; usually used of loud noises. Scan ⏑ − −.

7 δοιοῖς: < δοιοί = δύο.
ἐπείγετο: "was being driven hard."

8 ἀμφοτέρωθεν: "on both sides," i.e., "(one) on each side."
σπερχοίατο = σπέρχοιντο, optative in past general condition.
πέμπειν: infinitive of purpose after σπερχοίατο, the object being unexpressed, as often in epic.

9   Ἡλιάδες: daughters of the sun god Helios.
9-10 προλιπούσαι ... ἐς φάος: "having left for the light" (φάος=φῶς). Others put a comma after Νυκτός, construing ἐς φάος with πέμπειν.
9   δώματα: "halls, house"; poetic plural.
10 ὠσάμενοι: <ὠθέω, "push."
    κράτων ἄπο: <κράς, "head." Note accent of postpositive preposition (S 175).
11 πύλαι—κελεύθων: "gates of the paths of Night and Day," i.e., the gates through which pass Day and Night. Ἤματος=ἡμέρας.
12 σφας: accusative plural of 3rd person pronoun; here, =αὐτάς, i.e., πύλας.
    ὑπέρθυρον: the beam "above the door," i.e., "lintel."
    ἀμφὶς ἔχει: "holds on both sides," i.e., above and below. The subject of ἔχει is both ὑπέρθυρον and οὐδός.
    λάϊνος οὐδός: "stone threshold." Scan λάϊνος – ⏑ ⏑.
13 αἰθέριαι: "high in the air" (where the *aither* is). It appears that the gates are located at the edge of the world, where earth (cf. the stone threshold) and sky (*aither*) meet.
    πλῆνται=πέπληνται (<πίμπλημι), unreduplicated perfect passive, "are filled," i.e., "closed, blocked."
14 τῶν: the doors.
    πολύποινος: "of much punishment, much-avenging."
    κληῖδας: <κληΐς=κλείς, "keys," or perhaps the "bars" that keep the doors closed. Scan – – ⏑.
    ἀμοιβούς: perhaps "alternating" between opening and closing; but others translate "keys of retribution," "double bolts," or "keys that fit."
15 παρφάμεναι=παραφάμεναι (<παράφημι), "persuading, beguiling."
16 πεῖσαν: with ὡς (=ἵνα), rather than the more usual infinitive.
    σφιν=αὐταῖς, viz., the maidens (but also of course for Parmenides and the horses).
    βαλανωτόν: "fastened with a βάλανος (bolt-pin)."
    ὀχῆα: <ὀχεύς, the long "bar" that keeps the θύρετρα from opening. Perhaps=the κληΐδες of verse 14.

17 ἀπτερέως: "swiftly." ἀ- <*sm̥, "together," not the alpha-privative; cf. ἅπας and σύμπας.
πυλέων: Scan ˘ −.

17–18 θυρέτρων / χάσμ' ἀχανές: "gaping gap of doors," i.e., the doors were now open.

18 ἀναπταμέναι: "spread open," <ἀναπετάννυμι, unreduplicated perfect passive participle.

19 ἄξονας: here, the vertical door posts ending in cylindrical pivots, on which the θύρετρα turn. The pivots, clad in bronze (18 πολυχάλκους) to prevent wear, fit into the sockets (19 σύριγξιν) in the lintel and the threshold.
ἀμοιβαδόν: "in turn."
εἰλίξασαι=ἐλίξασαι, aorist active participle <ἑλίσσω, "turn" (transitive).

20 γόμφοις καὶ περόνῃσιν: "bolts (dowels) and pins."
ἀρηρότε: <ἀραρίσκω, "to be closely fitted with," perfect participle accusative dual, modifying ἄξονας. (A dual adjective modifying a plural noun can be paralleled elsewhere.)
ῥα=ἄρα.
αὐτέων=αὐτῶν, i.e., πυλῶν. -έων is an Ionic *feminine* genitive plural ending.

21 ἰθύς=εὐθύς, adverb, "straight (through)."
ἔχον=εἶχον, imperfect, "guided."
ἀμαξιτόν: "carriage road."

22 πρόφρων: "graciously, earnestly." Predicate adjectives expressing mental attitudes are often better translated as adverbs (S 1043).

23 ἕλεν=εἷλεν (<αἱρέω).
προσηύδα: 3rd singular imperfect <προσαυδάω, "address."

24 συνάορος=συνήορος, "companion," + dative. The nominative is often found for vocative in poetry.

25 ἵπποις: comitative or sociative dative, to be taken closely with ἱκάνων, "coming with horses."
δῶ=δῶμα, terminal accusative, found in poetry after verbs of motion that would normally take a preposition (S 1588).

26 οὔτι: "in no way," adverbial accusative of οὔτις.
προὔπεμπε=προέπεμπε.

27 τήνδ' ὁδόν: internal accusative (cf. 1.5).
ἦ γάρ: "for indeed."
πάτου: "path."

28 χρεώ: "(there is) need," with accusative + infinitive.

29-30 ἠμὲν ... ἠδέ: "both ... and."

29 εὐκυκλέος: <εὐκυκλής, "well-rounded," a unique variant of εὔκυκλος. Many scholars prefer the alternate reading εὐπειθέος, "persuasive"; cf. 8.43.
ἀτρεμές: "without tremor, calm."
ἦτορ: accusative neuter, "heart."

30 τῆς=ταῖς=αἷς.
ἔνι=ἔνεστι.
πίστις: "trust, faith"; others translate "belief, conviction."

31 ἔμπης=ἔμπας, "nevertheless."
ταῦτα: i.e., δόξας.
μαθήσεαι: 2nd singular future indicative <μανθάνω.
ὡς=ὅπως, in indirect question.
τὰ δοκοῦντα=τὰς δόξας, "the things accepted (as true)."

32 χρῆν [=ἐχρῆν] δοκίμως εἶναι: a difficult phrase. Perhaps "should be acceptable" (with δοκίμως modifying εἶναι); i.e., if the false world of Doxa were true. Another possible translation is "had to have genuine existence." For contrafactual χρῆν, see S 1905.
διὰ παντός: if neuter, "altogether or continually"; but possibly masculine (see next lemma).
περῶντα: Thoughts may be said to pass through a person; cf. the Homeric *Hymn to Hermes* 43 ὠκὺ νόημα διὰ στέρνοιο περήσῃ.

Fr. 2

1 εἰ δ' ἄγ(ε): "come now." εἰ is used as an interjection (cf. εἰ γάρ); ἄγε is practically an adverb and may be followed by a verb in any person or number.
ἐγών=ἐγώ.
ἐρέω: "will say," followed by indirect question with αἵπερ (S 2668).
κόμισαι: 2nd singular aorist middle imperative, "attend, pay heed to"; more literally, "carry off for yourself," perhaps with the sense "convey to others."

2 ὁδοί: the two Ways of Knowing that form the subject of the *daimon's* speech to Parmenides: that of Being and that of Seeming/Opinion.
μοῦναι=μόναι.
διζήσιος=διζήσεως, "inquiry."
νοῆσαι: with ὁδοί "ways *for* thinking" or "knowing"; a dative infinitive to express ability or capacity (S 1969, 2001).

3 ἡ μέν: "one road" (ὁδός is feminine); "the other road" is described at verse 5.
ὅπως—εἶναι: "that/how it is (so) and that/how it is not possible (ἔστι + infinitive) not to be (so)." Many scholars have tried to understand a subject for this bare use of ἔστι in Parmenides: Truth, Being (=Existence), ἡ ὁδός, "what can be talked about or thought about," etc., but perhaps none is to be supplied.

4 Πειθοῦς: genitive of Πειθώ, "Persuasion."
Ἀληθείη ... ὀπηδεῖ: "Truth attends upon (Persuasion)," just as the Muse Kalliope attends upon righteous kings (Hesiod *Theogony* 80). That is, truth follows upon/from true persuasion. (Recent editors emend to Ἀληθείῃ, reversing Parmenides' thought.)

5 ἔστιν ... εἶναι: as in verse 3.
χρεών=χρεώ (1.28)=χρή (6.1)=χρεόν (8.45).

6 τήν=ἥν.
παναπευθέα: "utterly inscrutable."
ἔμμεν=εἶναι.
ἀταρπόν=ἀτραπόν, "path."

7 γνοίης: 2nd singular aorist active optative <γιγνώσκω.
τό ... μὴ ἐόν=τὸ μὴ ὄν, "that which is not, nonbeing." The μή has a generalizing force.
ἀνυστόν: "possible."

Fr. 3

This may be a continuation of Fragment 2. Metrically, it combines with 2.8 to complete a hexameter line; logically, it supports 2.7–8. The infinitives are either (a) dative infinitives, as in 2.2: "the same thing is for knowing/thinking and for being"; or (b) substantival: "to think/know and to be are the same thing."

νοεῖν: The original sense of this verb and of νοῦς was something close to "know the truth of a situation through instant apprehension"—a meaning that works well in Parmenides, although many prefer "think."

Fr. 4

1 ὅμως: "nevertheless" (some read ὁμῶς, "equally"). It is unclear whether it governs the whole clause ("nevertheless, observe ... "), ἀπεόντα (=ἀπόντα, "things nevertheless absent"), or παρεόντα. The last seems most likely.
νόῳ: <νόος=νοῦς, probably to be taken with παρεόντα as indirect object; if with λεῦσσε, it would be dative of means.

2 ἀποτμήξει: <ἀποτμήγω, "cut off," either (a) 2nd singular future middle or (b) 3rd singular future active; if (b), the subject is probably νοῦς.
ἔχεσθαι: infinitive after ἀποτμήξει, which is here acting like a verb of hindering with accusative object (τὸ ἐόν); S 2744a. ἔχεσθαι (middle) + genitive, "hold fast to."

3 σκιδνάμενον: "scattering" (middle), <σκίδνημι=σκεδάννυμι, agreeing with τὸ ἐόν. Parmenides is objecting to a common Presocratic view that has the various physical elements separating from an original dense mixture and then coming together (συνιστάμενον, middle) to form the objects of our cosmos.
κατὰ κόσμον: either "in order" or "throughout the universe."

Fr. 5

1 ξυνόν=κοινόν, usually "common," but here, "indifferent."
μοι: i.e., the goddess. Note correction.

2 ἄρξωμαι: deliberative aorist subjunctive, "(where) I should begin" (S 1805).
τόθι: "there."

Fr. 6

1 τό: Either (a) a demonstrative pronoun (=τόδε), accusative object of λέγειν and νοεῖν, and defined by the accusative + infinitive clause that follows, ἐὸν ἔμμεναι (=εἶναι): "one should say and realize the following, that being exists" (cf. 7.1, where εἶναι μὴ ἐόντα is in apposition to τοῦτο). Or (b) τὸ λέγειν τε νοεῖν τ(ε) is a com-

pound (accusative) articular infinitive which is the subject of ἔμμεναι (the complement of χρή) and with ἐόν as predicate: "speaking and knowing must be a thing that is."

Less likely views: (c) τό and ἔμμεναι as in (b), but with ἐόν as object of λέγειν and νοεῖν. (d) τό goes with ἐόν, with λέγειν and νοεῖν as dative infinitives as in Fragment 3: "that which is (τὸ ἐόν) for saying and knowing [=what can be spoken and thought of] must be."

ἔστι γὰρ εἶναι: "for this can be"—the precise sense of *this* depending on the interpretation adopted for the preceding. Or perhaps, "it is there for being," with (d) above.

2 μηδὲν δ᾽ οὐκ ἔστιν: either "there is not nonbeing" or "nothingness is not possible," both translations looking back to the first part of verse 1; or, if μηδέν is an adverb, "in no way is it not possible" (looking back to ἔστι εἶναι).

τά = ταῦτα.

φράζεσθαι: "indicate to oneself, ponder" (middle); see on 1.4.

3 εἴργω = ἔργω, "shut out, keep from." Angle brackets indicate that the words within, necessary to complete the sense, are found in no manuscript; cf. 7.2.

4 αὐτὰρ ἔπειτ(α): the equivalent of a strong δέ, "but also."

τῆς = ταύτης (sc. ὁδοῦ). In addition to the routes of existence and nonexistence, the goddess now refers to a third way—perhaps the worst of all—which combines existence and nonexistence.

5 πλάσσονται: either (a) <πλάσσω, "imagine" (middle), or (b) =πλάζονται, "wander."

δίκρανοι: "two-headed," because such people would need two heads to be able to entertain the contradictory beliefs spelled out below, verse 8f. Scan – – ◡.

6 πλαγκτόν: "wandering."

7 τεθηπότες: "amazed, dazed," <τέθηπα (a defective verb).

ἄκριτα φῦλα: "uncritical (or confused) tribes"; like τεθηπότες, in apposition to οἱ δέ.

8 οἷς: dative of agent with perfect passive νενόμισται.

τό ... εἶναι: compound articular infinitive (cf. 6.1), subject of νενόμισται.

πέλειν = εἶναι.
ταὐτόν = τὸ αὐτόν = τὸ αὐτό.
9 κού = καὶ οὐ.
πάντων: unclear whether masculine or neuter.
παλίντροπος: "backward-turning," i.e., accomplishing nothing, getting nowhere. Cf. Heraclitus Fragment 51; Parmenides may be attacking Heraclitus here.

Fr. 7

1 οὐ ... μήποτε: οὐ μή with an aorist subjunctive indicates strong denial (S 1804).
δαμῇ: 3rd singular aorist passive subjunctive < δαμάζω; "be forced."
εἶναι μὴ ἐόντα: in apposition to τοῦτο, "(that) the things-that-are-not exist." Cf. 6.1.

2 εἶργε = ἔργε, "hold back" (imperative).

3 πολύπειρον: "much-experienced," i.e., "habitual," modifying ἔθος.
βιάσθω: 3rd singular present middle imperative < βιάω = βιάζω, "force"; with accusative + infinitive.

4 νωμᾶν: often used for moving or directing parts of the body; "to ply" is a useful translation.
ἄσκοπον ... ἠχήεσσαν: "aimless ... ringing"; cf. echo.

5 κρῖναι: 2nd singular aorist middle imperative.
λόγῳ: "reason"; instrumental dative.
πολύδηριν: "much-contesting," because many people believe otherwise.

6 ἐμέθεν = ἐμοῦ. With passive, ἐξ ἐμοῦ = ὑπ' ἐμοῦ (largely poetic).
ῥηθέντα: aorist passive participle < εἴρω = λέγω.

Fr. 8

1 ὁδοῖο = ὁδοῦ, with μῦθος, "an account of a way."

2 ὡς: "that" would emphasize the existence of the Way of Being (the main concern of Fragment 8); but perhaps, "how."
ἐπὶ ... ἔασι (= εἰσι): "be upon" (tmesis; see on 1.1). Some accent ἔπι, believing that the object of the preposition is ταύτῃ (cf. 1.10), "on this (road)." Note plural verb, even though the subject is neuter.

3 ἀγένητον ... ἀνώλεθρον: "uncreated ... indestructible," i.e., without beginning or end in time. The adjectives are predicate.
ἐόν: either the subject of ἐστι ("Being is") or a circumstantial participle ("since it exists") in agreement with subject to be supplied (which would have to be τὸ ἐόν!).

4 οὖλον = ὅλον.
μουνογενές: "alone of its kind, sui generis" (cf. γένος).
ἀτέλεστον: "without end" (in space and time). Many scholars prefer to emend to ἠδὲ τελεστόν, "and complete."

5–6 ὁμοῦ πᾶν ἕν: "all of it together"; see below, verse 22, πᾶν ὁμοῖον.

6 συνεχές: "continuous."
διζήσεαι: uncontracted 2nd singular future < δίζημαι, "seek out."

7 πῇ πόθεν: "how [and] whence."
αὐξηθέν: Epic verse occasionally allows a final ν before a vowel to be prolonged enough to qualify as a double consonant.
ἐάσσω = ἐάσω < ἐάω, "allow."

9 τί: modifying χρέος, "what need."
ἄν ... ὦρσεν: past potential (S 1784).
μιν = αὐτό, accusative object of ὦρσεν (< ὄρνυμι), "urged it to ... " (+ infinitive).
καί: emphasizes τί, here, to indicate a question that "cannot be answered, or cannot be satisfactorily answered" (GP 313).

10 ἤ: either "than" or "or."
τοῦ μηδενὸς ἀρξάμενον: "beginning from that-which-is-not." ἄρχομαι regularly takes a genitive.
φῦν = φῦναι, aorist infinitive < φύω, "come into being."

11 πελέναι = πέλειν = εἶναι.

12 ἐφήσει: "will allow," < ἐφίημι.
πίστιος = πίστεως; see on 1.30.

13 πάρ' αὐτό: "beyond it"; i.e., from nothing (μὴ ἐόν), there can come nothing beyond (in addition to) Being.
τοῦ (= τούτου) εἵνεκεν: "on account of this."

14 ἀνῆκε: <ἀνίημι, "set free," here, "allow" (sc. Being as object).
   χαλάσασα πέδησιν: "having loosed (the gates) with the bars," i.e., "unbarred (the gates), admitted."
15 ἔχει: as in 1.14, but here with the sense of holding fast. Its object is probably coming-to-be and passing-away; some would understand ἐόν.
   κρίσις: literally, "separation," but also "judgment."
   τῷδε: "the following."
16 κέκριται δ' οὖν: "the decision in fact is (to)" (GP 463); literally, "it has been decided (to)," + infinitive.
18 πέλειν ... εἶναι: like ἐᾶν, dependent on κέκριται. ὥς ... πέλειν is the infinitive of ὥς ἔστι (cf. 1.1, 2.3); editors usually print ὥστε, but this does not affect the translation.
19 ἔπειτα: "thereafter." Some editors, by redividing the words and with one slight change of letters, have read this line as πῶς δ' ἄν ἔπειτ' ἀπόλοιτο ἐόν; "how could that-which-is afterwards perish?"
   ἄν κε: This redundant combination occurs occasionally in Homer.
20 ἔγεντ(ο)=ἐγένετο.
21 ἀπέσβεσται: <ἀποσβέννυμι, "extinguish."
   ἄπυστος: "not heard of"; cf. 2.6, παναπευθέα.
23 τι τῇ μᾶλλον: "in any way greater this way [than that]."
   τό=ὅ, the antecedent being the whole of the preceding clause.
   συνέχεσθαι: "hold together"; cf. verses 6, 25 συνεχές.
24 χειρότερον: here, ~ἧσσον; cf. verse 48.
25 τῷ: "therefore."
   πελάζει: "approaches," + dative.
26 πείρασι: "limits, bonds" (<πεῖραρ); in the latter sense, sometimes specifically "ropes." δεσμῶν then is defining genitive, "(consisting) of bonds."
28 τῆλε: adverb, "far off."
   ἐπλάγχθησαν: 3rd plural aorist passive indicative <πλάζω; "wandered off," i.e., "disappeared."
   ἀπῶσε: See on 1.10.

29 τ'... τε... τε: The first two link the two predicates of μένον, "remaining (a) the same and (b) in the same (place)." The third τε, along with καί (crasis of καί + οὕτως=χοὕτως), links the two parts of the main clause, "it lies by (or in accord with) itself and remains thus firmly in place."

31 τό=ὅ (sc. πεῖραρ).

32 οὕνεκεν οὐκ ... θέμις: "because (or wherefore) [it is] not law(ful)," with accusative + infinitive.
ἀτελεύτητον: "incomplete."

33 ἐόν: ~εἰ ἦν, as often.

34 What is being equated to what in this line? The main syntactic problems are: (1) Is ταὐτόν (a) subject or, as in verse 29, (b) predicate? (2) Is νοεῖν (a) a dative infinitive (see on Fragment 2.2), equivalent to a passive; or is it (b) a subject of ἐστι (="thinking, thought")? (3) Is οὕνεκεν (a) "wherefore" (=οὗ ἕνεκα), (b) "because," or (c) "that" (=ὅτι, ὡς)? Mourelatos translates "and the same thing [1a] is to be thought [2a] and (is) wherefore [3a] is the thinking." Tarán translates "to think [2b] is the same [1b] as the thought that [3c] [the object of thought] exists." Other combinations have been championed.

35 ἐν ᾧ πεφατισμένον ἐστίν: a difficult clause; perhaps, "dependent upon which [sc. Being] it [sc. τὸ νοεῖν] has been declared"; i.e., (roughly) *nous* expresses itself in accordance with Being. ἐν + dative="to depend on, to be in one's power." πεφατισμένον ἐστί~πεφάτισται (<φατίζω, "declare, speak of") (S 599d).

37 πάρεξ=παρέκ, "besides, except," + genitive.
ἐπέδησεν: <πεδάω, "bind"; cf. verse 14.

38 ἔμεναι=εἶναι.
τῷ: probably=ᾧ, "with respect to this (τὸ ἐόν)."
ὀνόμασται: unreduplicated perfect. Some prefer an alternate manuscript reading, ὄνομ(α) ἔσται.

39 ὅσσα=ὅσα.
κατέθεντο: <κατατίθημι, "impose, posit."
πεποιθότες: <πείθω.

40 γίγνεσθαι: This and the other infinitives of this sentence are in apposition to ὅσσα (S 1987).
οὐχί=οὐ (sc. εἶναι).

41 διά ... ἀμείβειν: "exchange" (tmesis).
   χρόα: <χρώς, "color."
42 πείρας=πείραρ. Sc. ἔστι.
   πύματον: "furthest, outermost"; attributive adjective.
   τετελεσμένον: "complete(d), perfect(ed)" (sc. τὸ ἐόν).
43 πάντοθεν: "from all directions"; here, punctuated to go with what follows, but some take it with the preceding phrase.
   ὄγκῳ: "bulk," dative with ἐναλίγκιον, "like (unto)."
44 μέσσοθεν ἰσοπαλές: "from the center equally balanced."
   τό=αὐτό: i.e., τὸ ἐόν; accusative subject of πελέναι.
44–45 οὔτε ... χρεόν: οὐ adheres closely to the verb; "necessary not to" rather than "not necessary to" (S 2691–92).
45 βαιότερον: <βαιός, "small."
   τῇ ἢ τῇ: See on verse 23.
46 οὔτε ... οὐκ ἐὸν ἔστι: "nor is it not existent" (not "nor is there non-Being," which calls for μὴ ἐόν). That is, there is no part of Being that does not exist.
   τό=ὅ, i.e., its not existing.
   παύοι: here, "prevent (from)," + infinitive.
   μιν=αὐτό, i.e., τὸ ἐόν.
47 εἰς ὁμόν: "to one and the same (Being)"; i.e., there is nothing to keep it from being one and the same everywhere.
   ἐόντος: either genitive of comparison or partitive genitive, "more of Being" (S 1315).
48 ἄσυλον: "inviolable."
49 οἷ=ἑαυτῷ, with ἴσον.
   ὁμῶς: "uniformly" (note accent).

The goddess has now finished her discussion of the Way of Being. From this point until the end of the poem, she tells Parmenides of the Way of Seeming.

50 ἐν τῷ: "at this point."
51 ἀμφίς: "about," + genitive.
   ἀπὸ τοῦδε: "from this point."
52 κόσμον ... ἀπατηλόν: "deceptive order," object of ἀκούων.

53 γνώμας: object of κατέθεντο, "recorded their decision, decided," + infinitive.

54 τῶν μίαν οὐ χρεών ἐστιν: "one of which one should not (name)." Some understand μίαν as "a unity"; others translate "only one."
πεπλανημένοι εἰσίν: periphrastic 3rd plural perfect passive <πλανάω, "wander."

55 ἀντία: "opposites."
ἐκρίναντο: "distinguished."
δέμας: accusative of respect, "in form."

56 χωρὶς ἀπ' ἀλλήλων: "(to distinguish them) from each other."

57 μέγ(α): adverbial accusative, "greatly, very."
ἑωυτῷ=ἑαυτῷ. Parmenides is expressing the idea of homogeneity.
τωὐτόν: crasis of τὸ αὐτόν.

58 κατ' αὐτό: "in conformity with itself" (see on verse 29); i.e., in no way a part of fire.

59 τἀντία: adverbial accusative, "oppositely, contrariwise."
ἀδαῆ: <ἀδαής, "obscure," literally, "unlearnable."
ἐμβριθές: "heavy."

60 τόν ... διάκοσμον ἐοικότα πάντα: "the whole likely-seeming arrangement."

61 οὐ μή: an emphatic μή.
παρελάσσῃ=παρελάσῃ, aorist subjunctive in purpose clause, "outstrip, surpass."

Fr. 9

2 τά=ταῦτα: i.e., φάος καὶ νύξ; as often, a neuter plural sums up objects of various genders.
δυνάμεις: "powers, qualities"; e.g., lightness versus heaviness, denseness versus rareness, etc. (cf. 8.56–59); i.e., the σήματα of 8.55.
ἐπὶ τοῖσί τε καὶ τοῖς: "(have been given as names) to these things and to those."

3 πλέον: <πλέος=πλέως, "full of," + genitive.
ὁμοῦ: adverb, "together, at the same time."

4 μέτα=μέτεστι: "have a share in"; i.e., there is nothing that does not belong to both Light and Dark—because nothing is completely black or completely white.

Fr. 10

1 εἴσῃ: 2nd singular future (middle) <οἶδα.

2 σήματα: here, the stars, perhaps more specifically, "constellations."
καθαρᾶς: with λαμπάδος.
εὐαγέος: <εὐᾱγής, "bright."

3 ἀΐδηλα: "destructive"; literally, "making unseen."

4 κύκλωπος: "round-faced."
πεύσῃ: 2nd singular future <πυνθάνομαι.
περίφοιτα: "wandering," modifying ἔργα.

5 εἰδήσεις=εἴσῃ.
ἀμφὶς ἔχοντα: "embracing on both sides."

6 ἔφυ: aorist indicative <φύω; see on 8.10.
μιν=αὐτόν, i.e., οὐρανόν; object of both ἄγουσα and ἐπέδησεν, which here takes an infinitive of purpose.

Fr. 11

1 πῶς: probably introducing an indirect question after a verb like εἴσῃ.

2 γάλα... οὐράνιον: the Milky Way.

3 ὡρμήθησαν: 3rd plural aorist passive <ὁρμάω, "set in motion," + infinitive of purpose.

Fr. 12

1 στεινότεραι: "narrower" (sc. rings of heaven).
πλῆνται: See on 1.13.
ἀκρήτοιο: "unmixed, pure"; genitive with verb of filling.

2 ἐπὶ τῆς: "after these (rings)," as one moves toward the center.
μετὰ... ἵεται=μεθίεται, "is discharged, sent forth."
αἶσα: "portion."

4 πάντων... τόκου καὶ μίξιος: "birth and union of all things"; genitive with verb of ruling.

Fr. 12

5 ἄρσενι θῆλυ: "female to male."
μιγῆν=μιγῆναι, aorist active infinitive <μείγνυμι, literally, "mix," but here, as often, a metaphor for sexual intercourse.
τό ... ἐναντίον: adverbial accusative; see on 8.59.
αὖτις: adverb, "in turn."

6 θηλυτέρῳ: This form indicates opposition rather than comparison.

Fr. 13

πρώτιστον: predicate, "as the very first."
μητίσατο=ἐμητίσατο, "devised" (sc. the goddess mentioned in Fragment 12).

Fr. 14

νυκτιφαές: "shining by night" (sc. the moon).
ἀλώμενον: <ἀλάομαι, "wander."
ἀλλότριον φῶς: "a light not its own" (because it merely reflects the light of the sun). Parmenides is punning on a Homeric phrase, ἀλλότριος φώς, "a foreign man," as Empedocles was to do later (Fragment 45).

Fr. 15

παπταίνουσα: As examples of this verb in Homer show, the moon here is not "looking *at*" but "looking *for*" the light of the sun.

Fr. 15a

ὑδατόριζον: "(the earth is) rooted in water."

Fr. 16

1 ὡς: correlative with τώς (verse 2), "as ... , so."
ἑκάστοτ(ε): "on each occasion," i.e., "at any given moment."
ἔχει: "is," when accompanied by an adverb (S 1438).
κρᾶσις: sc. of Light and Night.
μελέων: literally, "limbs," but also "body" as a whole.
πολυπλάγκτων: "much-wandering."

3 ὅπερ: object of φρονέει (=φρονεῖ), "thinks, apprehends"; some take it as subject.
ἀνθρώποισιν: dative of advantage (S 1481); "in," "of," and "for" are all possible.

4 καὶ πᾶσιν καὶ παντί: "for all together and for all individually." This sentence seems to be saying that men's thoughts are determined by the proportion of Light and Night making up their bodies.

τὸ γὰρ πλέον ἐστὶ νόημα: obscure; literally, "the full (or the more) is thought." Cf. 9.3.

Fr. 17

κούρας=κόρας. That is, sperm deposited on the righthand side of the womb produces boys, that on the left girls.

Fr. 18

A passage translated into Latin in the fifth century A.D. and no longer extant in Greek. Parmenides is discussing the circumstances of conception that produce homosexuals.

"When a woman and a man mix the seeds of Love together, the power [of the seeds] which shapes [the embryo] in the veins out of different blood can mould wellconstituted bodies only if it preserves proportion. For if the powers war [with each other] when the seed is mixed, and do not make a unity in the body formed by the mixture, they will terribly harass the growing sex through the twofold seed" (translated by K. Freeman).

Fr. 19

1 τοι=σοι, "for you, in your eyes"; i.e., Parmenides, who is still being addressed by the goddess.

2 ἀπὸ τοῦδε: "from this time, henceforth."
τραφέντα: "after they have grown," aorist passive participle <τρέφω.

Fr. 20

This line is regarded by Diels-Kranz and others as merely a restatement of 8.38; others, however, consider it a separate fragment.

οἷον: "such," but perhaps οἶον, "alone," is to be read.
τελέθει=ἔστι.
τῷ: either=ᾧ or "therefore."
παντ(ί): "as a whole."

Selected Bibliography

Gallop, David. *Parmenides of Elea,* Fragments: *A Text with an Introduction.* Toronto 1984.
Guthrie, W.K.C. *History of Greek Philosophy*, vol. 2. Cambridge 1965, pp. 1–80.
Kahn, Charles H. "The Thesis of Parmenides," *Review of Metaphysics* 22 (1969), pp. 700–24.
Kirk, G.S., J.E. Raven, and M. Schofield. *The Presocratic Philosophers*, 2nd edition. Cambridge 1983, pp. 239–62.
Mourelatos, Alexander P.D. *The Route of Parmenides: A Study of Word, Image, and Argument in the Fragments.* New Haven 1970.
Tarán, Leonardo. *Parmenides: A Text with Translation, and Critical Essays.* Princeton 1965.

ΠΑΡΜΕΝΙΔΟΥ ΠΕΡΙ ΦΥΣΕΩΣ

1 [1—32 Karst., 1—32 Stein.]. 1—30 SEXT. VII 111ff. ὁ δὲ γνώριμος αὐτοῦ [des Xenophanes] Π. τοῦ μὲν δοξαστοῦ λόγου κατέγνω, φημὶ δὲ τοῦ ἀσθενεῖς ἔχοντος ὑπολήψεις, τὸν δ' ἐπιστημονικόν, τουτέστι τὸν ἀδιάπτωτον, ὑπέθετο κριτήριον, ἀποστὰς καὶ τῆς τῶν αἰσθήσεων πίστεως· ἐναρχόμενος γοῦν τοῦ Περὶ φύσεως γράφει τὸν τρόπον τοῦτον· 'Ἵπποι ... ἀληθής' (anschließend ἀλλὰ σὺ ... λείπεται jetzt B 7, 2—7). Folgt seine Paraphrase § 112—114: ἐν τούτοις γὰρ ὁ Παρμενίδης ἵππους μέν φησιν αὐτὸν φέρειν τὰς ἀλόγους τῆς ψυχῆς ὁρμάς τε καὶ ὀρέξεις (1), κατὰ δὲ τὴν πολύφημον ὁδὸν τοῦ δαίμονος πορεύεσθαι τὴν κατὰ τὸν φιλόσοφον λόγον θεωρίαν, ὃς λόγος προπομποῦ δαίμονος τρόπον ἐπὶ τὴν ἁπάντων ὁδηγεῖ γνῶσιν (2. 3), κούρας δ' αὐτοῦ προάγειν τὰς αἰσθήσεις (5), ὧν τὰς μὲν ἀκοὰς αἰνίττεται ἐν τῶι λέγειν 'δοιοῖς ... κύκλοις' (7. 8), τουτέστι τοῖς τῶν ὤτων, τὴν φωνὴν δι' ὧν καταδέχονται, τὰς δὲ ὁράσεις 'Ἡλιάδας κούρας κέκληκε (9), δώματα μὲν Νυκτὸς ἀπολιπούσας (9), 'ἐς φάος ⟨δὲ⟩ ὠσαμένας' (10) διὰ τὸ μὴ χωρὶς φωτὸς γίνεσθαι τὴν χρῆσιν αὐτῶν. ἐπὶ δὲ τὴν 'πολύποινον' ἐλθεῖν Δίκην καὶ ἔχουσαν 'κληῖδας ἀμοιβούς' (14), τὴν διάνοιαν ἀσφαλεῖς ἔχουσαν τὰς τῶν πραγμάτων καταλήψεις. ἥτις αὐτὸν ὑποδεξαμένη (22) ἐπαγγέλλεται δύο ταῦτα διδάξειν 'ἡμὲν ἀληθείης εὐπειθέος ἀτρεμὲς ἦτορ' (29), ὅπερ ἐστὶ τὸ τῆς ἐπιστήμης ἀμετακίνητον βῆμα, ἕτερον δὲ 'βροτῶν δόξας ... ἀληθής' (30), τουτέστι τὸ ἐν δόξηι κείμενον πᾶν, ὅτι ἦν ἀβέβαιον. 28—32 SIMPL. d. cael. 557, 20 οἱ δὲ ἄνδρες ἐκεῖνοι διττὴν ὑπόστασιν ὑπετίθεντο, τὴν μὲν τοῦ ὄντως ὄντος τοῦ νοητοῦ, τὴν δὲ τοῦ γινομένου τοῦ αἰσθητοῦ, ὅπερ οὐκ ἠξίουν καλεῖν ὂν ἁπλῶς, ἀλλὰ δοκοῦν ὄν. διὸ περὶ τὸ ὂν ἀλήθειαν εἶναί φησι, περὶ δὲ τὸ γινόμενον δόξαν. λέγει γοῦν ὁ Π. 'χρεὼ ... περῶντα' (28ff.).

Ἵπποι ταί με φέρουσιν, ὅσον τ' ἐπὶ θυμὸς ἱκάνοι,
πέμπον, ἐπεί μ' ἐς ὁδὸν βῆσαν πολύφημον ἄγουσαι
δαίμονες, ἣ κατὰ πάντ' ἄστη φέρει εἰδότα φῶτα·
τῆι φερόμην· τῆι γάρ με πολύφραστοι φέρον ἵπποι
5 ἅρμα τιταίνουσαι, κοῦραι δ' ὁδὸν ἡγεμόνευον.
ἄξων δ' ἐν χνοίηισιν ἵει σύριγγος ἀυτήν
αἰθόμενος (δοιοῖς γὰρ ἐπείγετο δινωτοῖσιν
κύκλοις ἀμφοτέρωθεν), ὅτε σπερχοίατο πέμπειν
Ἡλιάδες κοῦραι, προλιποῦσαι δώματα Νυκτός,
10 εἰς φάος, ὠσάμεναι κράτων ἄπο χερσὶ καλύπτρας.
ἔνθα πύλαι Νυκτός τε καὶ Ἤματός εἰσι κελεύθων,
καί σφας ὑπέρθυρον ἀμφὶς ἔχει καὶ λάινος οὐδός·
αὐταὶ δ' αἰθέριαι πλῆνται μεγάλοισι θυρέτροις·
τῶν δὲ Δίκη πολύποινος ἔχει κληῖδας ἀμοιβούς.
15 τὴν δὴ παρφάμεναι κοῦραι μαλακοῖσι λόγοισιν
πεῖσαν ἐπιφραδέως, ὥς σφιν βαλανωτὸν ὀχῆα
ἀπτερέως ὤσειε πυλέων ἄπο· ταὶ δὲ θυρέτρων
χάσμ' ἀχανὲς ποίησαν ἀναπτάμεναι πολυχάλκους
ἄξονας ἐν σύριγξιν ἀμοιβαδὸν εἰλίξασαι
20 γόμφοις καὶ περόνηισιν ἀρηρότε· τῆι ῥα δι' αὐτέων
ἰθὺς ἔχον κοῦραι κατ' ἀμαξιτὸν ἅρμα καὶ ἵππους.

καί με θεὰ πρόφρων ὑπεδέξατο, χεῖρα δὲ χειρί
δεξιτερὴν ἕλεν, ὧδε δ' ἔπος φάτο καί με προσηύδα·
ὦ κοῦρ' ἀθανάτοισι συνάορος ἡνιόχοισιν,
25 ἵπποις ταί σε φέρουσιν ἱκάνων ἡμέτερον δῶ,
χαῖρ', ἐπεὶ οὔτι σε μοῖρα κακὴ προὔπεμπε νέεσθαι
τήνδ' ὁδόν (ἦ γὰρ ἀπ' ἀνθρώπων ἐκτὸς πάτου ἐστίν),
ἀλλὰ θέμις τε δίκη τε. χρεὼ δέ σε πάντα πυθέσθαι
ἠμὲν Ἀληθείης εὐκυκλέος ἀτρεμὲς ἦτορ
30 ἠδὲ βροτῶν δόξας, ταῖς οὐκ ἔνι πίστις ἀληθής.
ἀλλ' ἔμπης καὶ ταῦτα μαθήσεαι, ὡς τὰ δοκοῦντα
χρῆν δοκίμως εἶναι διὰ παντὸς πάντα περῶντα.

2 (früher 4) [33—40 K., 43—50 St.]. PROCL. in Tim. I 345, 18 Diehl (nach B 1, 30) καὶ πάλιν 'εἰ δ'... ἀταρπόν' καὶ 'οὔτε... φράσαις'. 3—8 SIMPL. Phys. 116, 25 εἰ δέ τις ἐπιθυμεῖ καὶ αὐτοῦ τοῦ Παρμενίδου ταύτας λέγοντος ἀκοῦσαι τὰς προτάσεις, τὴν μὲν τὸ παρὰ τὸ ὂν οὐκ ὂν καὶ οὐδὲν λέγουσαν, ἥτις ἡ αὐτή ἐστι τῆι τὸ ὂν μοναχῶς λέγεσθαι, εὑρήσει ἐν ἐκείνοις τοῖς ἔπεσιν· 'ἡ μὲν... φράσαις'. B 3 schließt an.

εἰ δ' ἄγ' ἐγὼν ἐρέω, κόμισαι δὲ σὺ μῦθον ἀκούσας,
αἵπερ ὁδοὶ μοῦναι διζήσιός εἰσι νοῆσαι·
ἡ μὲν ὅπως ἔστιν τε καὶ ὡς οὐκ ἔστι μὴ εἶναι,
Πειθοῦς ἐστι κέλευθος (Ἀληθείηι γὰρ ὀπηδεῖ),
5 ἡ δ' ὡς οὐκ ἔστιν τε καὶ ὡς χρεών ἐστι μὴ εἶναι,
τὴν δή τοι φράζω παναπευθέα ἔμμεν ἀταρπόν·
οὔτε γὰρ ἂν γνοίης τό γε μὴ ἐὸν (οὐ γὰρ ἀνυστόν)
οὔτε φράσαις.

3 (früher 5) [40 K., 50 St.]. CLEM. Strom. VI 23 (II 440, 12 St.) 'Ἀριστοφάνης ἔφη 'δύναται γὰρ ἴσον τῶι δρᾶν τὸ νοεῖν' [fr. 691 K.] καὶ πρὸ τούτου ὁ Ἐλεάτης Π. 'τὸ γὰρ... εἶναι'. PLOTIN. Enn. V 1, 8 ἥπτετο μὲν οὖν καὶ Π. πρότερον τῆς τοιαύτης δόξης, καθόσον εἰς ταὐτὸ συνῆγεν ὂν καὶ νοῦν καὶ τὸ ὂν οὐκ ἐν τοῖς αἰσθητοῖς ἐτίθετο. 'τὸ γάρ... εἶναι' λέγων καὶ ἀκίνητον λέγει τοῦτο. καίτοι προστιθεὶς τὸ νοεῖν σωματικὴν πᾶσαν κίνησιν ἐξαιρῶν ἀπ' αὐτοῦ. An B 2 anzuschließen.

... τὸ γὰρ αὐτὸ νοεῖν ἐστίν τε καὶ εἶναι.

4 (früher 2) [89—92 K., 37—40 St.]. CLEM. Strom. 5, 15 (II 335, 25 St., nach Emp. [31 B 17, 21]) ἀλλὰ καὶ Π. ἐν τῶι αὑτοῦ ποιήματι περὶ τῆς ἐλπίδος αἰνισσόμενος τὰ τοιαῦτα λέγει· 'λεῦσσε... συνιστάμενον', ἐπεὶ καὶ ὁ ἐλπίζων καθάπερ ὁ πιστεύων τῶι νῶι ὁρᾶι τὰ νοητὰ καὶ τὰ μέλλοντα. εἰ τοίνυν φαμέν τι εἶναι δίκαιον, φαμὲν δὲ καὶ καλόν, ἀλλὰ καὶ ἀλήθειάν τι λέγομεν· οὐδὲν δὲ πώποτε τῶν τοιούτων τοῖς ὀφθαλμοῖς εἴδομεν, ἀλλ' ἢ μόνωι τῶι νῶι.

λεῦσσε δ' ὅμως ἀπεόντα νόωι παρεόντα βεβαίως·
οὐ γὰρ ἀποτμήξει τὸ ἐὸν τοῦ ἐόντος ἔχεσθαι
οὔτε σκιδνάμενον πάντηι πάντως κατὰ κόσμον
οὔτε συνιστάμενον.

5 (früher 3) [41. 42 K. St.]. PROCL. in Parm. I p. 708, 16 (nach B 8, 25)

ξυνὸν δέ μοί ἐστιν,
ὁππόθεν ἄρξωμαι· τόθι γὰρ πάλιν ἵξομαι αὖθις.

6 [43—51 K., 51—59 St.]. SIMPL. Phys. 117, 2 (nach B 2) ὅτι δὲ ἡ ἀντίφασις οὐ συναληθεύει, δι' ἐκείνων λέγει τῶν ἐπῶν δι' ὧν μέμφεται τοῖς εἰς ταὐτὸ συνάγουσί τὰ ἀντικείμενα· εἰπὼν γὰρ 'ἔστι γὰρ εἶναι ... διζήσιος ⟨εἴργω' ἐπάγει⟩· 'αὐτὰρ ... κέλευθος'. 78, 2 μεμψάμενος γὰρ τοῖς τὸ ὂν καὶ τὸ μὴ ὂν συμφέρουσιν ἐν τῶι νοητῶι 'οἷς ... ταὐτόν' (B 6, 8. 9) καὶ ἀποστρέψας τῆς ὁδοῦ τῆς τὸ μὴ ὂν ζητούσης 'ἀλλὰ ... νόημα' (B 7, 2), ἐπάγει 'μοῦνος κτλ.' (B 8, 1ff.).

χρὴ τὸ λέγειν τε νοεῖν τ' ἐὸν ἔμμεναι· ἔστι γὰρ εἶναι,
μηδὲν δ' οὐκ ἔστιν· τά σ' ἐγὼ φράζεσθαι ἄνωγα.
πρώτης γὰρ σ' ἀφ' ὁδοῦ ταύτης διζήσιος ⟨εἴργω⟩,
αὐτὰρ ἔπειτ' ἀπὸ τῆς, ἣν δὴ βροτοὶ εἰδότες οὐδὲν
5 πλάττονται, δίκρανοι· ἀμηχανίη γὰρ ἐν αὐτῶν
στήθεσιν ἰθύνει πλακτὸν νόον· οἱ δὲ φοροῦνται
κωφοὶ ὁμῶς τυφλοί τε, τεθηπότες, ἄκριτα φῦλα,
οἷς τὸ πέλειν τε καὶ οὐκ εἶναι ταὐτὸν νενόμισται
κοὐ ταὐτόν, πάντων δὲ παλίντροπός ἐστι κέλευθος.

7. 8 [52—120 K. 60—61. 34—37; 62—124 St.]. 7, 1—2 PLATO Soph. 237 A vgl. 258 D Π. δὲ ὁ μέγας, ὦ παῖ, παισὶν ἡμῖν οὖσιν ἀρχόμενός τε καὶ διὰ τέλους τοῦτο ἀπεμαρτύρατο, πεζῆι τε ὧδε ἑκάστοτε λέγων καὶ μετὰ μέτρων· οὐ γὰρ μήποτε τοῦτ' οὐδαμῆι (so die Hss.), φησίν, εἶναι μὴ ὄντα· ἀλλὰ ... νόημα. ARISTOT. Metaph. N 2. 1089a 2 ἔδοξε γὰρ αὐτοῖς πάντ' ἔσεσθαι ἐν τὰ ὄντα, αὐτὸ τὸ ὄν, εἰ μή τις λύσει καὶ ὁμόσε βαδιεῖται τῶι Παρμενίδου λόγωι 'οὐ γὰρ ... ἐόντα', ἀλλ' ἀνάγκη εἶναι τὸ˙μὴ ὂν δεῖξαι ὅτι ἔστιν. 7, 2—7 (früher 1, 33—38) SEXT. VII 114 [nach B 1 I 227, 39. 228, 12] καὶ ἐπὶ τέλει προσδιασαφεῖ τὸ μὴ δεῖν αἰσθήσεσι προσέχειν ἀλλὰ τῶι λόγωι. μὴ γάρ σε, φησίν, 'ἔθος ... ῥηθέντα' (7, 3—7, 6 im Text § 111)—λείπεται). ἀλλ' οὗτος μὲν καὶ αὐτός, ὡς ἐκ τῶν εἰρημένων συμφανές, τὸν ἐπιστημονικὸν λόγον κανόνα τῆς ἐν τοῖς οὖσιν ἀληθείας ἀναγορεύσας ἀπέστη τῆς τῶν αἰσθήσεων ἐπιστάσεως. 8, 1—52 SIMPL. Phys. 144, 29 [nach 28 A 21] ἔχει δὲ οὑτωσὶ τὰ μετὰ τὴν τοῦ μὴ ὄντος ἀναίρεσιν· (145) 'μοῦνος ... ἀκούων'. 8, 1—14 DERS. 78, 5 (nach B 7, 2) ἐπάγει 'μοῦνος ... πολλὰ μάλα' καὶ παραδίδωσι λοιπὸν τὰ τοῦ κυρίως ὄντος σημεῖα· 'ὡς ἀγένητον ... πέδησιν'. ταῦτα δὴ περὶ τοῦ κυρίως ὄντος λέγων ἐναργῶς ἀποδείκνυσιν, ὅτι ἀγένητον τοῦτο τὸ ὄν· οὔτε γὰρ ἐξ ὄντος· οὐ γὰρ προϋπῆρχεν ἄλλο ὄν· οὔτε ἐκ τοῦ μὴ ὄντος· οὐδὲ γὰρ ἔστι τὸ μὴ ὄν. καὶ διὰ τί δὴ τότε, ἀλλὰ μὴ καὶ πρότερον ἢ ὕστερον ἐγένετο; ἀλλ' οὐδὲ ἐκ τοῦ πῆι μὲν ὄντος πῆι δὲ μὴ ὄντος, ὡς τὸ γενητὸν γίνεται (neuplatonische Vorstellung)· οὐ γὰρ ἂν τοῦ ἁπλῶς ὄντος προϋπάρχοι τὸ πῆι μὲν ὂν πῆι δὲ μὴ ὄν, ἀλλὰ μετ' αὐτὸ ὑφέστηκε. 3—4 CLEM. Strom. V 113 (II 402, 8 St.) Π. δὲ ... ὧδέ πως περὶ τοῦ θεοῦ γράφει· 'πολλὰ ... ἀτρεμὲς ἠδ' ἀγένητον'. 38 PLATO Theaet. 180 D ἄλλοι αὖ τἀναντία τούτοις ἀπεφήναντο 'οἷον ... ὄνομ' εἶναι' καὶ ἄλλα ὅσα Μελισσοί τε καὶ Παρμενίδαι ἐναντιούμενοι πᾶσι τούτοις διισχυρίζονται. 39 vgl. MELISSOS 30 B 8 εἰ γὰρ ἔστι γῆ καὶ ὕδωρ ... καὶ τὰ ἄλλα ὅσα φασὶν οἱ ἄνθρωποι εἶναι ἀληθῆ. 42 vgl. SIMPL. Phys. 147, 13 εἴπερ ἓν ἐστι 'ὁμοῦ τὸ πᾶν' (5) καὶ 'πεῖρας πύματον'. 43—45 PLAT.

Soph. 244 E εἰ τοίνυν ὅλον ἐστὶν ὥσπερ καὶ Π. λέγει 'πάντοθεν... τῆι ἢ τῆι', τοιοῦτόν γε ὂν τὸ ὂν μέσον τε καὶ ἔσχατα ἔχει. EUDEM. bei Simpl. Phys. 143, 4 ὥστε οὐδὲ τῶι οὐρανῶι ἐφαρμόττει τὰ παρ' αὐτοῦ λεγόμενα, ὥς τινας ὑπολαβεῖν ὁ Εὔδημός φησιν [fr. 13 Sp.] ἀκούσαντας τοῦ 'πάντοθεν... ὄγκωι'· οὐ γὰρ ἀδιαίρετος ὁ οὐρανός, ἀλλ' οὐδὲ ὅμοιος σφαίραι, ἀλλὰ σφαῖρά ἐστιν ἡ τῶν φυσικῶν ἀκριβεστάτη. 44 ARIST. Phys. Γ 6. 207a 15 βέλτιον οἰητέον Παρμενίδην Μελίσσου εἰρηκέναι· ὁ μὲν γὰρ τὸ ἄπειρον ὅλον φησίν, ὁ δὲ τὸ ὅλον πεπεράνθαι 'μεσσόθεν ἰσοπαλές'. 50—61 SIMPL. Phys. 38, 28 συμπληρώσας γὰρ τὸν περὶ τοῦ νοητοῦ λόγον ὁ Π. ἐπάγει ταυτί... 'ἐν τῶι... παρελάσσηι'. 50—59 SIMPL. Phys. 30, 13 μετελθὼν δὲ ἀπὸ τῶν νοητῶν ἐπὶ τὰ αἰσθητὰ ὁ Π. ἤτοι ἀπὸ ἀληθείας, ὡς αὐτός φησιν, ἐπὶ δόξαν ἐν οἷς λέγει 'ἐν τῶι... ἀκούων', τῶν γενητῶν ἀρχὰς καὶ αὐτὸς στοιχειώδεις μὲν τὴν πρώτην ἀντίθεσιν ἔθετο, ἣν φῶς καλεῖ καὶ σκότος ⟨ἢ⟩ πῦρ καὶ γῆν ἢ πυκνὸν καὶ ἀραιὸν ἢ ταὐτὸν καὶ ἕτερον, λέγων ἐφεξῆς τοῖς πρότερον παρακειμένοις ἔπεσιν 'μορφὰς... ἐμβριθές τε'. 52 SIMPL. Phys. 147, 28 ἀπατηλὸν καλεῖ τῶν ἐπῶν τὸν κόσμον τὸν περὶ τὰς βροτείους δόξας. 53—59 SIMPL. Phys. 179, 31 καὶ γὰρ οὗτος ἐν τοῖς πρὸς δόξαν 'θερμὸν καὶ ψυχρὸν ἀρχὰς ποιεῖ· ταῦτα δὲ προσαγορεύει πῦρ καὶ γῆν [Arist. p. 188a 20] καὶ φῶς καὶ νύκτα ἤτοι σκότος· λέγει γὰρ μετὰ τὰ περὶ ἀληθείας (p. 180) 'μορφὰς... ἐμβριθές τε'. — Das Ganze vielleicht an B 6 anzuschließen.

7. οὐ γὰρ μήποτε τοῦτο δαμῆι εἶναι μὴ ἐόντα·
ἀλλὰ σὺ τῆσδ' ἀφ' ὁδοῦ διζήσιος εἶργε νόημα
μηδέ σ' ἔθος πολύπειρον ὁδὸν κατὰ τήνδε βιάσθω,
νωμᾶν ἄσκοπον ὄμμα καὶ ἠχήεσσαν ἀκουήν
καὶ γλῶσσαν, κρῖναι δὲ λόγωι πολύδηριν ἔλεγχον
8. ἐξ ἐμέθεν ῥηθέντα. μόνος δ' ἔτι μῦθος ὁδοῖο
λείπεται ὡς ἔστιν· ταύτηι δ' ἐπὶ σήματ' ἔασι
πολλὰ μάλ', ὡς ἀγένητον ἐὸν καὶ ἀνώλεθρόν ἐστιν,
ἔστι γὰρ οὐλομελές τε καὶ ἀτρεμὲς ἠδ' ἀτέλεστον·
5 οὐδέ ποτ' ἦν οὐδ' ἔσται, ἐπεὶ νῦν ἔστιν ὁμοῦ πᾶν,
ἕν, συνεχές· τίνα γὰρ γένναν διζήσεαι αὐτοῦ;
πῆι πόθεν αὐξηθέν: οὐδ' ἐκ μὴ ἐόντος ἐάσσω
φάσθαι σ' οὐδὲ νοεῖν· οὐ γὰρ φατὸν οὐδὲ νοητόν
ἐστιν ὅπως οὐκ ἔστι. τί δ' ἄν μιν καὶ χρέος ὦρσεν
10 ὕστερον ἢ πρόσθεν, τοῦ μηδενὸς ἀρξάμενον, φῦν;
οὕτως ἢ πάμπαν πελέναι χρεών ἐστιν ἢ οὐχί.
οὐδέ ποτ' ἐκ μὴ ἐόντος ἐφήσει πίστιος ἰσχύς
γίγνεσθαί τι παρ' αὐτό· τοῦ εἵνεκεν οὔτε γενέσθαι
οὔτ' ὄλλυσθαι ἀνῆκε Δίκη χαλάσασα πέδηισιν,
15 ἀλλ' ἔχει· ἡ δὲ κρίσις περὶ τούτων ἐν τῶιδ' ἔστιν·
ἔστιν ἢ οὐκ ἔστιν· κέκριται δ' οὖν, ὥσπερ ἀνάγκη,
τὴν μὲν ἐᾶν ἀνόητον ἀνώνυμον (οὐ γὰρ ἀληθής
ἐστιν ὁδός), τὴν δ' ὥστε πέλειν καὶ ἐτήτυμον εἶναι.
πῶς δ' ἂν ἔπειτ' ἀπόλοιτο ἐόν; πῶς δ' ἄν κε γένοιτο;
20 εἰ γὰρ ἔγεντ', οὐκ ἔστ(ι), οὐδ' εἴ ποτε μέλλει ἔσεσθαι.

τῶς γένεσις μὲν ἀπέσβεσται καὶ ἄπυστος ὄλεθρος.
οὐδὲ διαιρετόν ἐστιν, ἐπεὶ πᾶν ἐστιν ὁμοῖον·
οὐδέ τι τῆι μᾶλλον, τό κεν εἴργοι μιν συνέχεσθαι,
οὐδέ τι χειρότερον, πᾶν δ' ἔμπλεόν ἐστιν ἐόντος.
25 τῶι ξυνεχὲς πᾶν ἐστιν· ἐὸν γὰρ ἐόντι πελάζει.
αὐτὰρ ἀκίνητον μεγάλων ἐν πείρασι δεσμῶν
ἔστιν ἄναρχον ἄπαυστον, ἐπεὶ γένεσις καὶ ὄλεθρος
τῆλε μάλ' ἐπλάχθησαν, ἀπῶσε δὲ πίστις ἀληθής.
ταὐτόν τ' ἐν ταὐτῶι τε μένον καθ' ἑαυτό τε κεῖται
30 χοὔτως ἔμπεδον αὖθι μένει· κρατερὴ γὰρ Ἀνάγκη
πείρατος ἐν δεσμοῖσιν ἔχει, τό μιν ἀμφὶς ἐέργει,
οὕνεκεν οὐκ ἀτελεύτητον τὸ ἐὸν θέμις εἶναι·
ἔστι γὰρ οὐκ ἐπιδευές· [μὴ] ἐὸν δ' ἂν παντὸς ἐδεῖτο.
ταὐτὸν δ' ἐστὶ νοεῖν τε καὶ οὕνεκεν ἔστι νόημα.
35 οὐ γὰρ ἄνευ τοῦ ἐόντος, ἐν ὧι πεφατισμένον ἐστιν,
εὑρήσεις τὸ νοεῖν· οὐδὲν γὰρ ⟨ἢ⟩ ἔστιν ἢ ἔσται
ἄλλο πάρεξ τοῦ ἐόντος, ἐπεὶ τό γε Μοῖρ' ἐπέδησεν
οὖλον ἀκίνητόν τ' ἔμεναι· τῶι πάντ' ὄνομ(α) ἔσται,
ὅσσα βροτοὶ κατέθεντο πεποιθότες εἶναι ἀληθῆ,
40 γίγνεσθαί τε καὶ ὄλλυσθαι, εἶναί τε καὶ οὐχί,
καὶ τόπον ἀλλάσσειν διά τε χρόα φανὸν ἀμείβειν.
αὐτὰρ ἐπεὶ πεῖρας πύματον, τετελεσμένον ἐστί
πάντοθεν, εὐκύκλου σφαίρης ἐναλίγκιον ὄγκωι,
μεσσόθεν ἰσοπαλὲς πάντηι· τὸ γὰρ οὔτε τι μεῖζον
45 οὔτε τι βαιότερον πελέναι χρεόν ἐστι τῆι ἢ τῆι.
οὔτε γὰρ οὐκ ἐὸν ἔστι, τό κεν παύοι μιν ἱκνεῖσθαι
εἰς ὁμόν, οὔτ' ἐὸν ἔστιν ὅπως εἴη κεν ἐόντος
τῆι μᾶλλον τῆι δ' ἧσσον, ἐπεὶ πᾶν ἐστιν ἄσυλον·
οἷ γὰρ πάντοθεν ἶσον, ὁμῶς ἐν πείρασι κύρει.
50 ἐν τῶι σοι παύω πιστὸν λόγον ἠδὲ νόημα
ἀμφὶς ἀληθείης· δόξας δ' ἀπὸ τοῦδε βροτείας
μάνθανε κόσμον ἐμῶν ἐπέων ἀπατηλὸν ἀκούων.
μορφὰς γὰρ κατέθεντο δύο γνώμας ὀνομάζειν·
τῶν μίαν οὐ χρεών ἐστιν — ἐν ὧι πεπλανημένοι εἰσίν —
55 τἀντία δ' ἐκρίναντο δέμας καὶ σήματ' ἔθεντο
χωρὶς ἀπ' ἀλλήλων, τῆι μὲν φλογὸς αἰθέριον πῦρ,
ἤπιον ὄν, μέγ' [ἀραιὸν] ἐλαφρόν, ἑωυτῶι πάντοσε τωὐτόν,
τῶι δ' ἑτέρωι μὴ τωὐτόν· ἀτὰρ κἀκεῖνο κατ' αὐτό
τἀντία νύκτ' ἀδαῆ, πυκινὸν δέμας ἐμβριθές τε.
60 τόν σοι ἐγὼ διάκοσμον ἐοικότα πάντα φατίζω,
ὡς οὐ μή ποτέ τίς σε βροτῶν γνώμη παρελάσσηι.

9 [121—124 K., 125—128 St.]. Simpl. Phys. 180, 8 [nach B 8, 59] καὶ μετ' ὀλίγα πάλιν 'αὐτὰρ... μηδέν'. εἰ δὲ 'μηδετέρωι μέτα μηδέν' καὶ ὅτι ἀρχαὶ ἄμφω καὶ ὅτι ἐναντίαι δηλοῦται.

αὐτὰρ ἐπειδὴ πάντα φάος καὶ νὺξ ὀνόμασται

Scholion zu 56—59. Simpl. Phys. 31, 3 καὶ δὴ καὶ καταλογάδην μεταξὺ τῶν ἐπῶν ἐμφέρεταί τι ῥησείδιον ὡς αὐτοῦ Παρμενίδου ἔχον οὕτως· ἐπὶ τῶιδέ ἐστι τὸ ἀραιὸν καὶ τὸ θερμὸν καὶ τὸ φάος καὶ τὸ μαλθακὸν καὶ τὸ κοῦφον, ἐπὶ δὲ τῶι πυκνῶι ὠνόμασται τὸ ψυχρὸν καὶ τὸ ζόφος καὶ σκληρὸν καὶ βαρύ· ταῦτα γὰρ ἀπεκρίθη ἑκατέρως ἑκάτερα.

καὶ τὰ κατὰ σφετέρας δυνάμεις ἐπὶ τοῖσί τε καὶ τοῖς,
πᾶν πλέον ἐστὶν ὁμοῦ φάεος καὶ νυκτὸς ἀφάντου
ἴσων ἀμφοτέρων, ἐπεὶ οὐδετέρωι μέτα μηδέν.

10 [132—138 K., S. 797 St.]. Clem. Strom. v 138 (ii 419, 12 St.) ἀφικόμενος οὖν ἐπὶ τὴν ἀληθῆ μάθησιν [Christi] ὁ βουλόμενος ἀκουέτω μὲν Παρμενίδου τοῦ Ἐλεάτου ὑπισχνουμένου 'εἴσηι... ἄστρων'. Vgl. Plut. adv. Col. 1114 b (über Parmenides) ὅς γε καὶ διάκοσμον πεποίηται καὶ στοιχεῖα μιγνὺς τὸ λαμπρὸν καὶ σκοτεινὸν ἐκ τούτων τὰ φαινόμενα πάντα καὶ διὰ τούτων ἀποτελεῖ· καὶ γὰρ περὶ γῆς εἴρηκε πολλὰ καὶ περὶ οὐρανοῦ καὶ ἡλίου καὶ σελήνης καὶ γένεσιν ἀνθρώπων ἀφήγηται· καὶ οὐδὲν ἄρρητον ὡς ἀνὴρ ἀρχαῖος ἐν φυσιολογίαι καὶ συνθεὶς γραφὴν ἰδίαν, οὐκ ἀλλοτρίας διαφθοράν, τῶν κυρίων παρῆκεν.

εἴσηι δ' αἰθερίαν τε φύσιν τά τ' ἐν αἰθέρι πάντα
σήματα καὶ καθαρᾶς εὐαγέος ἠελίοιο
λαμπάδος ἔργ' ἀίδηλα καὶ ὁππόθεν ἐξεγένοντο,
ἔργα τε κύκλωπος πεύσηι περίφοιτα σελήνης
5 καὶ φύσιν, εἰδήσεις δὲ καὶ οὐρανὸν ἀμφὶς ἔχοντα
ἔνθεν [μὲν γὰρ] ἔφυ τε καὶ ὥς μιν ἄγουσ(α) ἐπέδησεν Ἀνάγκη
πείρατ' ἔχειν ἄστρων.

11 [139—142 K., 129—132 St.]. Simpl. de cael. 559, 20 Π. δὲ περὶ τῶν αἰσθητῶν ἄρξασθαί φησι λέγειν·

πῶς γαῖα καὶ ἥλιος ἠδὲ σελήνη
αἰθήρ τε ξυνὸς γάλα τ' οὐράνιον καὶ ὄλυμπος
ἔσχατος ἠδ' ἄστρων θερμὸν μένος ὡρμήθησαν
γίγνεσθαι.

καὶ τῶν γινομένων καὶ φθειρομένων μέχρι τῶν μορίων τῶν ζώιων τὴν γένεσιν παραδίδωσι.

12 [125—130 K., 133—138 St.]. 1—3 Simpl. Phys. 39, 12 (nach B 8, 61) μετ' ὀλίγα δὲ πάλιν περὶ τῶν δυεῖν στοιχείων εἰπὼν ἐπάγει καὶ τὸ ποιητικὸν λέγων οὕτως 'αἱ γὰρ... κυβερνᾶι'. 2—6 Ebenda 31, 10 καὶ ποιητικὸν δὲ αἴτιον οὐ σωμάτων μόνον τῶν ἐν τῆι γενέσει ἀλλὰ καὶ ἀσωμάτων τῶν τὴν γένεσιν συμπληρούντων σαφῶς παραδέδωκεν ὁ Π. λέγων· 'αἱ δ' ἐπὶ... θηλυτέρωι'. 4 Ebenda 34, 14 καὶ ποιητικὸν αἴτιον ἐκεῖνος μὲν ἓν κοινὸν τὴν ἐν μέσωι πάντων ἱδρυμένην καὶ πάσης γενέσεως αἰτίαν δαίμονα τίθησιν. Vgl. A 37.

αἱ γὰρ στεινότεραι πλῆντο πυρὸς ἀκρήτοιο,

αἱ δ' ἐπὶ ταῖς νυκτός, μετὰ δὲ φλογὸς ἵεται αἶσα·
ἐν δὲ μέσωι τούτων δαίμων ἣ πάντα κυβερνᾶι·
πάντα γὰρ ⟨ἣ⟩ στυγεροῖο τόκου καὶ μίξιος ἄρχει
5 πέμπους' ἄρσενι θῆλυ μιγῆν τό τ' ἐναντίον αὖτις
ἄρσεν θηλυτέρωι.

13 [131 K., 139 St.]. Plato Symp. 178 B Π. δὲ τὴν γένεσιν λέγει 'πρώτιστον... πάντων'. Aristot. Metaph. Α 4 p. 984 b 23 ὑποπτεύσειε δ' ἄν τις 'Ἡσίοδον πρῶτον ζητῆσαι τὸ τοιοῦτον, κἂν εἴ τις ἄλλος ἔρωτα ἢ ἐπιθυμίαν ἐν τοῖς οὖσιν ἔθηκεν ὡς ἀρχὴν οἷον καὶ Π.· οὗτος γὰρ κατασκευάζων τὴν τοῦ παντὸς γένεσιν 'πρώτιστον μέν, φησίν, Ἔρωτα... πάντων'. Plut. Amat. 13 p. 756 F διὸ Π. μὲν ἀποφαίνει τὸν Ἔρωτα τῶν Ἀφροδίτης ἔργων πρεσβύτατον ἐν τῆι κοσμογονίαι γράφων 'πρώτιστον... πάντων'. Simpl. Phys. 39, 18 (nach B 12, 3) ταύτην (nämlich d. Daimon) καὶ θεῶν αἰτίαν εἶναί φησι λέγων 'πρώτιστον... πάντων' κτλ. καὶ τὰς ψυχὰς πέμπειν ποτὲ μὲν ἐκ τοῦ ἐμφανοῦς εἰς τὸ ἀειδές, ποτὲ δὲ ἀνάπαλίν φησιν.

πρώτιστον μὲν Ἔρωτα θεῶν μητίσατο πάντων...

14 [143 K., 140 St.] Plut. adv. Colot. 15 p. 1116 A οὐδὲ γὰρ ὁ πῦρ μὴ λέγων εἶναι τὸν πεπυρωμένον σίδηρον ἢ τὴν σελήνην ἥλιον, ἀλλὰ κατὰ Παρμενίδην

νυκτιφαὲς περὶ γαῖαν ἀλώμενον ἀλλότριον φῶς

ἀναιρεῖ σιδήρου χρῆσιν ἢ σελήνης φύσιν.

15 [144 K., 141 St.]. Plut. de fac. lun. 16, 6 p. 929 A τῶν ἐν οὐρανῶι τοσούτων τὸ πλῆθος ὄντων μόνη φωτὸς ἀλλοτρίου δεομένη περίεισι [Mond] κατὰ Π.

αἰεὶ παπταίνουσα πρὸς αὐγὰς ἠελίοιο.

15a. Schol. Basilii 25 [ed. Pasquali Gött. Nachr. 1910 p. 201, 2]. Zu ἐὰν ὑποθῆις ἑαυτῶι ὕδωρ εἶναι τὸ ὑποβεβλημένον τῆς γῆς] Π. ἐν τῆι στιχοποιίαι ὑδατόριζον εἶπεν τὴν γῆν.

16 [145—148 K., 149—152 St.]. Aristot. Metaph. Γ 5. 1009 b 21 vgl. A 46

ὡς γὰρ ἕκαστος ἔχει κρᾶσιν μελέων πολυπλάγκτων,
τὼς νόος ἀνθρώποισι παρίσταται· τὸ γὰρ αὐτό
ἔστιν ὅπερ φρονέει μελέων φύσις ἀνθρώποισιν
καὶ πᾶσιν καὶ παντί· τὸ γὰρ πλέον ἐστὶ νόημα.

17 [149 K., 142 St.]. Galen. in Epid. vi 48 (xvii A 1002 K.) τὸ μέντοι ἄρρεν ἐν τῶι δεξιῶι μέρει τῆς μήτρας κυΐσκεσθαι καὶ ἄλλοι τῶν παλαιοτάτων ἀνδρῶν εἰρήκασιν. ὁ μὲν γὰρ Π. οὕτως ἔφη·

δεξιτεροῖσιν μὲν κούρους, λαιοῖσι δὲ κούρας...

18 [150—155 K., 143—148 St.]. 1—6 Cael. Aurelianus Morb. chron. iv 9 p. 116 Sichard. (Bas. 1529) *Parmenides libris quos de natura scripsit, eventu inquit conceptionis molles aliquando seu subactos homines generari. cuius quia graecum est epigramma, et hoc versibus intimabo. latinos enim ut potui simili modo composui, ne linguarum ratio misceretur. 'femina ... sexum'. vult enim seminum praeter materias esse virtutes* (vgl. δυνάμεις B 9, 2), *quae si se ita miscuerint, ut eiusdem corporis faciant unam, congruam sexui generent voluntatem; si autem permixto semine* *corporeo virtutes separatae permanserint, utriusque veneris natos adpetentia sequatur.*

femina virque simul Veneris cum germina miscent,
venis informans diverso ex sanguine virtus
temperiem servans bene condita corpora fingit.
nam si virtutes permixto semine pugnent
nec faciant unam permixto in corpore, dirae
nascentem gemino vexabunt semine sexum.

19 [157—159 K., 153—155 St.]. SIMPL. de cael. 558, 8 παραδοὺς δὲ τὴν τῶν αἰσθητῶν διακόσμησιν ἐπήγαγε πάλιν·

οὕτω τοι κατὰ δόξαν ἔφυ τάδε καί νυν ἔασι
καὶ μετέπειτ' ἀπὸ τοῦδε τελευτήσουσι τραφέντα·
τοῖς δ' ὄνομ' ἄνθρωποι κατέθεντ' ἐπίσημον ἑκάστωι.

20. HIPPOL. Ref. v 8 p. 97, 2 W. μικρά, φησίν [ein Gnostiker], ἐστὶ τὰ μυστήρια τὰ τῆς Περσεφόνης κάτω, περὶ ὧν μυστηρίων καὶ τῆς ὁδοῦ τῆς ἀγούσης ἐκεῖ οὔσης »πλατείας καὶ εὐρυχώρου« καὶ φερούσης τοὺς ἀπολλυμένους ἐπὶ τὴν Περσεφόνην ⟨...⟩. καὶ ὁ ποιητὴς δέ φησιν·

αὐτὰρ ὑπ' αὐτήν ἐστιν ἀταρπιτὸς ὀκρυόεσσα,
κοίλη, πηλώδης· ἡ δ' ἡγήσασθαι ἀρίστη
ἄλσος ἐς ἱμερόεν πολυτιμήτου Ἀφροδίτης.